청년사업가
김대중

청년사업가 김대중 1

초판 1쇄 인쇄 2020년 8월 10일
초판 1쇄 발행 2020년 8월 15일

지은이   스튜디오질풍
펴낸이   이혜숙
펴낸곳   (주)그린하우스

편집   허지혜
디자인   이승욱
제작   미래피앤피

등록   2019년 1월 1일(110111-6989086)
주소   강남구 강남대로 62길 3, 8층
전화   02-6969-8955
팩스   02-556-8477

ISBN   979-11-90419-25-3 04990
        979-11-90419-24-6 (세트)

ⓒ   스튜디오질풍

인간 김대중을 보여주는 기회가 되기 바란다

2019년, 봄의 시작을 알리는 매화꽃이 흐드러지게 피어 있는 횡단보도 앞에서 김대중 대통령이 주인공인 웹툰을 제작해보는 게 어떻겠냐는 제안을 받았다. 나는 김대중 대통령의 인물 저작권이나 초상권 사용을 허락받기만 한다면 한번 해보겠다고 답변했다.

그리고 한참이 지나 기적처럼 김대중 대통령 기념 사업회에서 저작자 및 저작물 사용 허가서가 도착했다. 숨이 멎을 정도로 심장이 요동치기 시작했다. 대한민국의 대통령이자 노벨평화상 수상인인 김대중 대통령의 이야기를 웹툰으로 만들 수 있다는 것이 꿈만 같았다. 그러나 최선을 다해 만들겠다는 호기로운 내 의지는 이내 감당하기 힘든 두려움으로 변했다. 나를 아끼고 사랑하는 주변의 많은 사람이 걱정과 염려를 보내기 시작했다. 진보와 보수의 갈등과 반목이 첨예한 상황에서 자칫 정치적 이슈에 휘말리지 않을까 하는 걱정이 들기도 했다. 정치인으로서 김대중 대통령이 남긴 위대한 업적과 삶을 따라가는 웹툰을 만들면 사람들에게 김대중 대통령의 찬양가를 만들었다는 비난을 받을까 두려웠다.

수많은 고민과 논의 끝에 정치계에 입문하기 전, 김대중 대통령이 가장 순수했고 패기 넘쳤던 청년 시절 사업가 이야기를 다루기로 했다. 하지만 다시 현실적인 문제점들에 봉착했다. 스토리와 배경을 뒷받침할 고증이 난관으로 다가온 것이다. 무더운 여름, 자료 조사를 위해 수십 차례 목포를 방문했다. 그러나 김대중 대통령의 유년 시절부터 청년

시절에 관한 자료가 거의 남아 있지 않아서 스토리를 만들어내기가 어려웠다. 김대중 대통령이 청년이었던 일제강점기 목포의 배경 자료도 턱없이 부족했다. 자료 조사보다 더 힘들었던 것은 역사적 사실을 훼손하지 않고 만화가 가진 재미를 독자들에게 전달해야 한다는 것이었다.

　이처럼 이 책이 만들어지기까지 모든 제작 단계마다 어려움이 따랐지만, 수많은 기관 관계자들, 외부 작가들, 그리고 스튜디오질풍의 제작진이 한마음 한뜻이 되어 열과 성을 다해 〈청년사업가 김대중〉 웹툰 제작을 도와주었다. 이렇게 1년 동안 최선을 다해 제작한 〈청년사업가 김대중〉이 정치인 김대중이 아닌 대중에게 알려지지 않은 한 인간 김대중을 보여주는 기회가 되기 바란다.

　웹툰이 나올 수 있도록 물심양면으로 도움을 주신 광주정보문화산업진흥원 탁용석 원장님, 양균화 본부장님, 류진석 팀장님, 박현정 차석님, 국제평화영화제 염정호 위원장님, 박수영 작가님에게 심심한 감사의 말씀을 전한다.

주식회사 스튜디오질풍 대표이사 이호

청년사업가 김대중

1
섬마을 소년

글·그림 스튜디오질풍

GREEN HOUSE

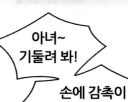

008
×
009

그럼 어떻게
먹어야 하는데?

어뚷게 먹긴.
이렇게 손으로 다리를
쭈~욱 훑은 후에,

스윽

슥

대중아,
이 문저리*는
어찌 먹는 거냐?

문저리는 내장을
쭈욱 뺀 담에
그냥 날로 묵어도
된당께.

*망둥이의 방언.

불에
꿔 묵어도 되고.

꿔 묵으면 허천나게
맛있어불 것구만.

꼴깍.

씨익

그라제~!

저런 배는
사람이 몇 명꺼정
탈 수 있을까?

한 100명?

뭔 소리여?
배가 아무리 커도
어떻게 사람이 100명이나
탈 수가 있대?

끽 해봐야
50명 정도겠지.

아녀,
저 배 크기를 봐.

못 해도⋯

⋯.

갖고 싶다!

나도 언젠간
갖고 싶다.

저렇게 큰 배에
사람을 해하는 무기를
실어 나르는 게 아니라

사람들에게
필요한 물건을 싣고
섬과 섬을 돌아다니며
장사를 할 수만 있다면….

모두가
행복해질 수 있을 거야!

와!
목포다!!

우리
하의도 선착장이랑은
비교도 안 되불것는디?

와~아.

시
끌

시
끌

木浦病院

웅
성

웅
성

빵

빵

- 2년 후 -

목포 제일공립보통학교

6학년 교실

조선 사람이
조선말은 않고
어째서 왜인 말을
헌다냐?

시무룩

우르르

대중아.

어?

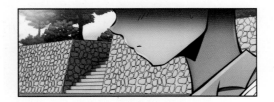

우리가 이런 세상을

살아가야 하는구나….

아까침에
구경한 가네보 공장(현 전남방직)
으리으리허다잉.

직원만 해도
3000명이
넘는다던데…

오늘 산업 탐방
오길 잘혔다.

그럼 뭐혀…
어린 여자애들 고혈을 쥐어짜서
일본 놈들 배 불리는 공장인디.

아따메~
그게 뭔 소리여.

저 공장 땜에
먹고사는 사람이
을매나 많은디….

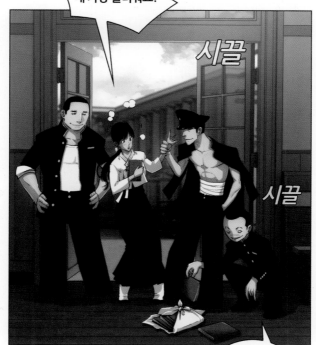

크크크…
얼굴은 귀엽게
생겼는데

킁
킁

아놔~
조센징들 마늘 냄새
썩는다, 썩어~.

뭐야?
일본 남고생들
같은데?

저기….

부
릅

뭐?

머뭇

슥

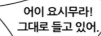

크크큭
가방 터졌네~.

뭐하는
짓이에요?

뭐하는 짓이긴
대일본제국이 조선을
해방시켜주었듯

내가 너를
공부에서 해방시켜주는
'짓' 이지!

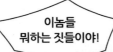

광주 → 목포행 열차

철컹

철컹

철컹

뿌
우
우
우
우

황국 신민이라는 것들이
사람들이 다 보는 곳에서

조선 여학생을
희롱한 것은 괜찮고?

거짓말이야,
다케다!

조선 여학생이
나에게 호감을 보이니까
질투를 하며
다짜고짜 시비를 건 거야!

버럭

부모님의 이름을 걸고
맹세한다!

질투에 눈이 멀어
폭력을 행사한 건가?

아니거든!

쉿,
사실대로 말하면
우리 모두 다케다한테 죽어!

야,
어쩌려고 거짓말을….

저놈들이
먼저 광주역 대합실에서

조선 여학생을
희롱해대는 것을 보고서….

흠!
그런 거였군.

크
크
크

씨익

나라를 빼앗기고
여자들마저 빼앗길 것 같은

위기의식에서 나온
질투가 원인인 건가?

멋대로
갖다 붙이지 마!

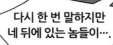
버럭

다시 한 번 말하지만
네 뒤에 있는 놈들이….

질투에…
폭력에…

이번에는
구차한 변명질인가?

사람이 말을 하면
좀 들어라!

참으로 안타깝군.

나라를 떠나서
남자답게 인정하고
사과하기를 바랐건만,

너희 조선인들에게
이런 상식을 기대하는 것은
무리인가?

말하는 모양새를 보니
사과할 생각이 없군.

맞나?

말했잖아!

사과할 행동 자체를
하지 않았다고!

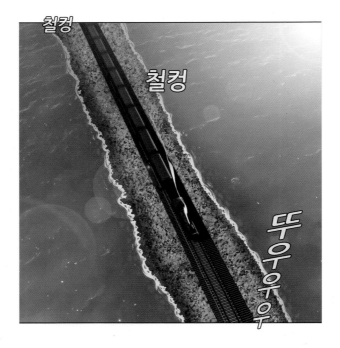

목포공립상업학교

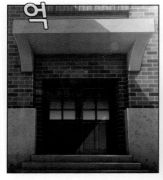

똑바로 대!
어서!!

그런 같잖은 이유로
폭력을 휘둘러?

그것도 감히 건방지게
일본인을 건드려?

쏴아아

쏴아아아

쏴
아
아

제길.

주룩

나라 잃은
설움이란

바로 이런 것이구나.

배를 갖기 위해서는
배를 만드는 법을
알아야 하지만

그 배를 어떻게
운영하며 관리해야 하는가도
중요하더랑께.

큰 배를 가지려면
그런 배들을
운영하는 이런 회사에서
배우는 것이

가장 확실하고
빠르지 않것냐.

아따
또 그놈의 배 타령이냐?
니는 지겹지도 않냐?

하
하
하

너는 어쩜 그리 한결같냐?
내 친구지만서도
가끔은 징해야~.

너그 어머니가 그러시더라.
니는 잠자믄서도
배 타령하는 놈이라고.

그만하랑께.

어떻게…
할 수 있겠어?

네!!

할 수 있습니다!!

뜨끔

깜짝

112
×
113

똑

똑

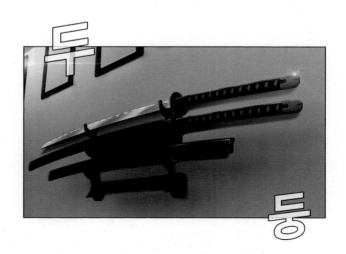

응? 뭐야?

여기가 감히
어디라고
함부로 들어와?

어이~ 애송이
용건이 뭐냐?

꿀꺽

전남기선이 빌려준
돈 말입니다!

헛소리 말고
돌아가라.

죽기 싫으면….

쿵

….

나는 말이지
이 먼 조선땅에 조선인들에게
돈을 뺏으러 왔지
빼앗기러 온 게 아니거든!

!!

커억!

털썩

어때?
이제 좀 생각이
달라졌나?

쿨럭

크
크

쿨럭

주먹 앞에 버티는 놈은
봤어도

칼 앞에서
버티는 놈은 보지 못했다!

하아앗!

이런….
고분고분 내주진
않은 모양이군.

씨익

수고했네!

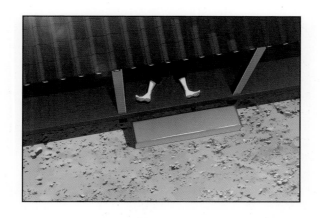

아무튼
회사 가서도
일 열심히 하고

윗사람들헌테도
잘혀야 혀~.

스윽

알제?

슥

아따 알았당께~ 엄니!
글고 이제 아들 얼굴 자주 못 본다고
서운해하덜 마쇼!

연락선 타고
전 세계를 다니다 보문
집에도 자주 못 안 혀요~.

씨익

그려~.
어여 가~. 늦겄다.

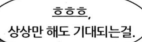

그래, 장부 정리.
우리 회사 같은
선박운수업체에서는
대단히 중요한 업무다.

실수하지 말고
계산 똑바로 해.
알았나, 경리?

내, 내 업무가
서류 정리?

내 꿈은 이, 이게 아닌디….

내, 내 연락선은… 히잉~·

목포항에 나가서
선장님들과 항해사들을 상대로
하는 일입니까?

아니면, 연락선을
타고 경성에 다녀오는
일입니까?

무슨 말이야?

됐고.

거기 인주 좀 줘봐.

하아~!

나는 배를
타야 하는
사람인디….

내가 배우고자 하는 것은
이런 일들이 아닌디….

자네 조선은행
알지?

네.

그곳이 우리 회사
주거래 은행이다.

이 서류, 조선은행
대부계에 갖다 줘.

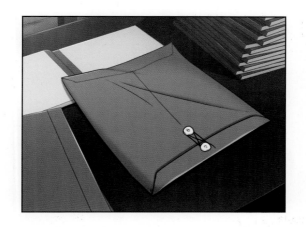

네,
알겠습니다!

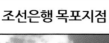

조선은행 목포지점

그렇지!
거기!

웅성

웅성

네,
알겠습니다.

저기…
대부계가
어딘가요?

부장님!

어디
계십니까?

부장님 항구에
나가셨는데….

뚜
우
우
하아
하아
끼룩
끼룩

부,

부장님!

응?
자네가 여긴
왜 왔어?

은행에서
부, 부장님 사인이
빠졌다고….

받, 받아오라고
해서요.

하아

하아

뭐?
내 사인?

여태까지는
생략하고
처리했는데….

일단
사인부터 해주십시오!

혁

혁

어?
아, 알겠네.

하아

하아

하아

*페점

It's not··· hard.
It is my job.
(고생··· 아닙니다.
제 일입니다.)

Can you··· speak English?
(자네··· 영어를 할 줄 아는가?)

흠칫

I'm the branch manager here.
Come to my office
on the 2nd floor.
(내가 이곳 지점장이니
2층 집무실로 바로 오면 돼.)

What?
Is that true?
(네? 정말요?)

하하하,
그래~?

그런데 자네 영어는 어디서 배웠나?

혹, 조선에 있는 선교사들에게 배웠는가?

아, 아닙니다.

그렇군.

이곳 조선에서
영어로 대화를
나눠보는 게
얼마 만인지….

감히 나
김대중을 말이지!

생각 같아서는 이렇게
혼내주어야 하는데….

씨익

오늘은 단단히 준비해왔다.

그래?

잘못된 것만 있어봐라….

잔소리 그만하고 검토나 해봐.

오매, 저것은 어떻게
저리 색깔이 고와분당가!
맛나겠구마잉~.

피식

옴마~.

뭐여?
갯수가 틀린디?

저기,
다섯 개 달랬는디

이건 여섯 개 인디요.
하나 더 와부럿소~.

후훗!

다섯 개 맞습니다.

한 개는
오빠 드세요.

소보로
양과자
카스테라
단팥빵
전병
케이크

어?

순옥아,

네가 여긴
웬일이야?

뭘요~.
오빠가 광주역에서
저 구해줬는데….

이 정도도
못 해주겠어요?

그런데 오빠! 이번 토요일 날에
용애랑 소풍 가기로 했는데

오빠가 원식이 오빠도
데려오면 안 돼요?

이런, 공짜 빵이
아니었네….

과, 과장님!
혹시 영어 하실 줄 아세요?

영어 할 줄 아는 사람은
출장 가신 지점장님뿐이잖아!

아, 몰라! 바쁘니까
말 시키지 마!

Tell him to call me
at the hotel where I'm staying
as soon as he gets back.
(그럼 돌아오는 대로 내가 머물고 있는
호텔로 연락해달라고 전해주게.)

Be sure
to tell him that.
(꼭 좀 부탁하네.)

Yeah, Don't worry.
(네, 걱정마세요.)

I'm sure I will.
(꼭 전해드리겠습니다.)

뚜벅

뚜벅

뭔데?
뭔 야그를
하려고 그래?

아하!
파인애플이랑 파인 생큐는
똑같은 p가 아니네.

영어
별거 없네~.

그런데 넌 왜
영어를 배우려는
거냐?

이미
좋은 직장에
다니고 있잖아.

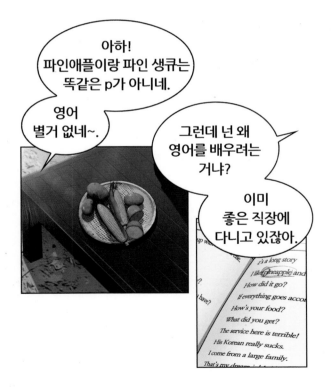

우리 일본인들은
영어할 줄 아는 사람을
엄청나게 높이 보거든.

입사시험, 승진시험,
고위 관료….
아무튼 영어만 잘하면
다 되는 나라가 일본이야.

우걱

우걱

하긴….

앞으로는
더 영어가 필요한 시대가
올 테니까….

그런데…
나 같은 돌대가리도
진짜 잘 가르친다~.

마치
선생님같다,
선생님.

고등학교 2학년 때
과외 선생을 했었어.

훗.